Mon petit +

Ingrédients

Préparation

Carnet de
Recettes

appartient à

Ingrédients

Préparation

Mon petit +

Ingrédients

Préparation

Mon petit +

Ingrédients

Préparation

Mon petit +

Ingrédients

Préparation

Mon petit +

Ingrédients

Préparation

Mon petit +

Ingrédients

Préparation

Mon petit +

Ingrédients

Préparation

Mon petit +

Ingrédients

Préparation

Mon petit +

Ingrédients

Préparation

Mon petit +

Ingrédients

Préparation

Mon petit +

Ingrédients

Préparation

Mon petit +

Ingrédients

Préparation

Mon petit +

Ingrédients

Préparation

Mon petit +

Ingrédients

Préparation

Mon petit +

Ingrédients

Préparation

Mon petit +

Ingrédients

Préparation

Mon petit +

Ingrédients

Préparation

Mon petit +

Ingrédients

Préparation

Mon petit +

Ingrédients

Préparation

Mon petit +

Ingrédients

Préparation

Mon petit +

Ingrédients

Préparation

Mon petit +

Ingrédients

Préparation

Mon petit +

Ingrédients

Préparation

Mon petit +

Ingrédients

Préparation

Mon petit +

Ingrédients

Préparation

Mon petit +

Ingrédients

Préparation

Mon petit +

Ingrédients

Préparation

Mon petit +

Ingrédients

Préparation

Mon petit +

Ingrédients

Préparation

Mon petit +

Ingrédients

Préparation

Mon petit +

Ingrédients

Préparation

Mon petit +

Ingrédients

Préparation

Mon petit +

Ingrédients

Préparation

Mon petit +

Ingrédients

Préparation

Mon petit +

Ingrédients

Préparation

Mon petit +

Ingrédients

Préparation

Mon petit +

Ingrédients

Préparation

Mon petit +

Ingrédients

Préparation

Mon petit +

Ingrédients

Préparation

Mon petit +

Ingrédients

Préparation

Mon petit +

Ingrédients

Préparation

Mon petit +

Ingrédients

Préparation

Mon petit +

Ingrédients

Préparation

Mon petit +

Ingrédients

Préparation

Mon petit +

Ingrédients

Préparation

Mon petit +

Ingrédients

Préparation

Mon petit +

Ingrédients

Préparation

Mon petit +

Ingrédients

Préparation

Mon petit +

Ingrédients

Préparation

Mon petit +

Ingrédients

Préparation

Mon petit +

Ingrédients

Préparation

Mon petit +

Ingrédients

Préparation

Mon petit +

Ingrédients

Préparation

Mon petit +

Ingrédients

Préparation

Mon petit +

Ingrédients

Préparation

Mon petit +

Ingrédients

Préparation

Mon petit +

Ingrédients

Préparation

Mon petit +

Ingrédients

Préparation

Mon petit +

Ingrédients

Préparation

Mon petit +

Ingrédients

Préparation

Mon petit +

Ingrédients

Préparation

Mon petit +

Ingrédients

Préparation

Mon petit +

Ingrédients

Préparation

Mon petit +

Ingrédients

Préparation

Mon petit +

Ingrédients

Préparation

Mon petit +

Ingrédients

Préparation

Mon petit +

Ingrédients

Préparation

Mon petit +

Ingrédients

Préparation

Mon petit +

Ingrédients

Préparation

Mon petit +

Ingrédients

Préparation

Mon petit +

Ingrédients

Préparation

Mon petit +

Ingrédients

Préparation

Mon petit +

Ingrédients

Préparation

Mon petit +

Ingrédients

Préparation

Mon petit +

Ingrédients

Préparation

Mon petit +

Ingrédients

Préparation

Mon petit +

Ingrédients

Préparation

Mon petit +

Ingrédients

Préparation

Mon petit +

Ingrédients

Préparation

Mon petit +

Ingrédients

Préparation

Mon petit +

Recettes Page

Recettes

Page

Recettes Page

Recettes

Page

Recettes Page

Recettes Page

Printed in France by Amazon
Brétigny-sur-Orge, FR

16902668R00098